¡Yo Puedo! SPEAK ENGLISH now!

RATILIO A. RATT

LIBRO DE TRABAJO
PARA APRENDER INGLES BILINGÜE

Dr. Rafielle Usher

Primera Edición

NIVEL 1

I0142023

About the Author

Dr. Rafielle E. Usher has been educating children and youth since 1992. He holds a degree Psychology, and loves finding new ways to help kids learn.

Acknowledgements
Editor: Lic. Kenia J. Erosa
Illustrator: Danny R. Palacios
Layout Design Editor: Dr. Rafielle Usher

Published by
O.M.I. Global Outreach
13245 Atlantic Blvd
Suite 4-233
Jacksonville, Florida 32225
(904) 410-4697

Visit our website for more children's products and information.
omiglobal.org

Table of contents:

Table of Contents (continued):

Table of Contents (continued):

Cómo usar este libro de trabajo

Cuando utilices nuestro libro con el método de aprendizaje interactivo, aprenderás a hablar, leer y entender el idioma inglés.

Adivina la traducción de la palabra en inglés, ya sea leyendo la palabra o mirando el dibujo a un lado de ella.

 **Look...** M____!

 **Listen...** E_____!

 **Repeat...** R_____!

 **Do...** H___!

 **Write...** E_____!

Color... C_____!

Observa los dibujos y escribe en inglés la palabra de acción que le corresponde a cada imagen.

_ _ _ _ _ _ _

_ _ _ _ _

_ _ _ _ _ _

_ _ _ _ _ _

_ _ _ _ _

_ _

TEST TiME!

Anota la traducción de las palabras que diga tu maestro. Si el maestro dice la palabra en inglés, escribe la traducción de la palabra en español. Si el maestro dice la palabra en español, escribe la traducción de la palabra en inglés.

1._____

2._____

3._____

4._____

5._____

6._____

Action Verbs (Palabras de acción)

Aquí hay una lista específica de palabras de acción en inglés. Memoriza estas palabras porque tu maestro las usará más adelante en la clase. El objetivo de esta actividad, es aprender el significado de cada palabra y representar la acción correspondiente cuando el profesor de la orden.

Look...

POINT (APUNTA/APUNTAR)	TALK (HABLA/HABLAR)
READ (LEE/LEER)	CIRCLE (ENCIERRA/ENCERRAR)
QUIET (SILENCIO)	SIT (SIÉNTATE/SENTARSE
STAND (PÁRATE/PARARSE)	COME (VEN/VENIR)
GO (VE/VAMOS)	STOP (PARA/PARAR)
MATCH (UNE/UNIR)	RUN (CORRE/CORRER)
WALK (CAMINA/CAMINAR)	

Listen...

Escucha cómo pronuncia el maestro cada palabra.

Repeat...

Practica repitiendo cada palabra con tu maestro o con algún compañero de clase.

Do...

Practica haciendo la acción correspondiente a cada palabra.

Action Verbs

Write...

Une la palabra con su significado correcto.

Point	une
Talk	párate
Read	siéntate
Circle	ve
Quiet	correr
Sit	apunta
Stand	selencio
Come	encierra
Go	habla
Stop	para
Match	ven
run	lee

Action Verbs

¿Puedes reconocer las palabras de acción? Veamos si es cierto.

Observa los dibujos y escribe en inglés las palabras de acción que corresponda a cada figura.

corre	apunta	siéntate	párate
___	_ _ _ _ _ _	_ _ _	_ _ _ _ _

ve

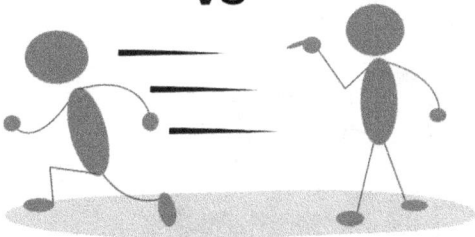

_ _

ven

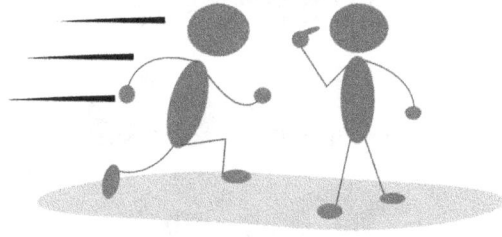

_ _ _ _

Recuerda memorizar las palabras de ACCIÓN porque continuarás utilizándolas en este libro.

TEST TIME!

Pídele a tu profesor o a un compañero de clase que te diga las palabras de la lista en voz alta y actúa cada una. Por cada palabra representada correctamente te ganarás 1 punto.

□Run   □Sit

□Point   □Stand

□Talk   □Come

□Read   □Go

□Circle   □Stop

□Quiet   □Match

_____ puntos

Directions (Aprende los direcciones)

La siguiente es una lista de direcciones en inglés y en español. Lee y memoriza las palabras. El objetivo de esta actividad es que puedas identificar las direcciones en inglés y español.

Look...

LEFT (IZQUIERDA)   **UP (ARRIBA)**

RIGHT (DERECHA)   **DOWN (ABAJO)**

Listen...

Escucha con atención la forma en que tu maestro pronuncia cada palabra.

Repeat...

Practica diciéndole las palabras a tu maestro o a un compañero de clase.

Do...

Apunta hacia la dirección de cada palabra.

Directions

✏️ **Write...**

Une la palabra con su significado correcto.

ARRIBA

Down

Right

IZQUIERDA

?

DERECHA

Left

Up

ABAJO

Directions

Encuentra el tesoro escondido. Sigue las instrucciones.

Preguntale a tu professor si seguiste el camino correcto.

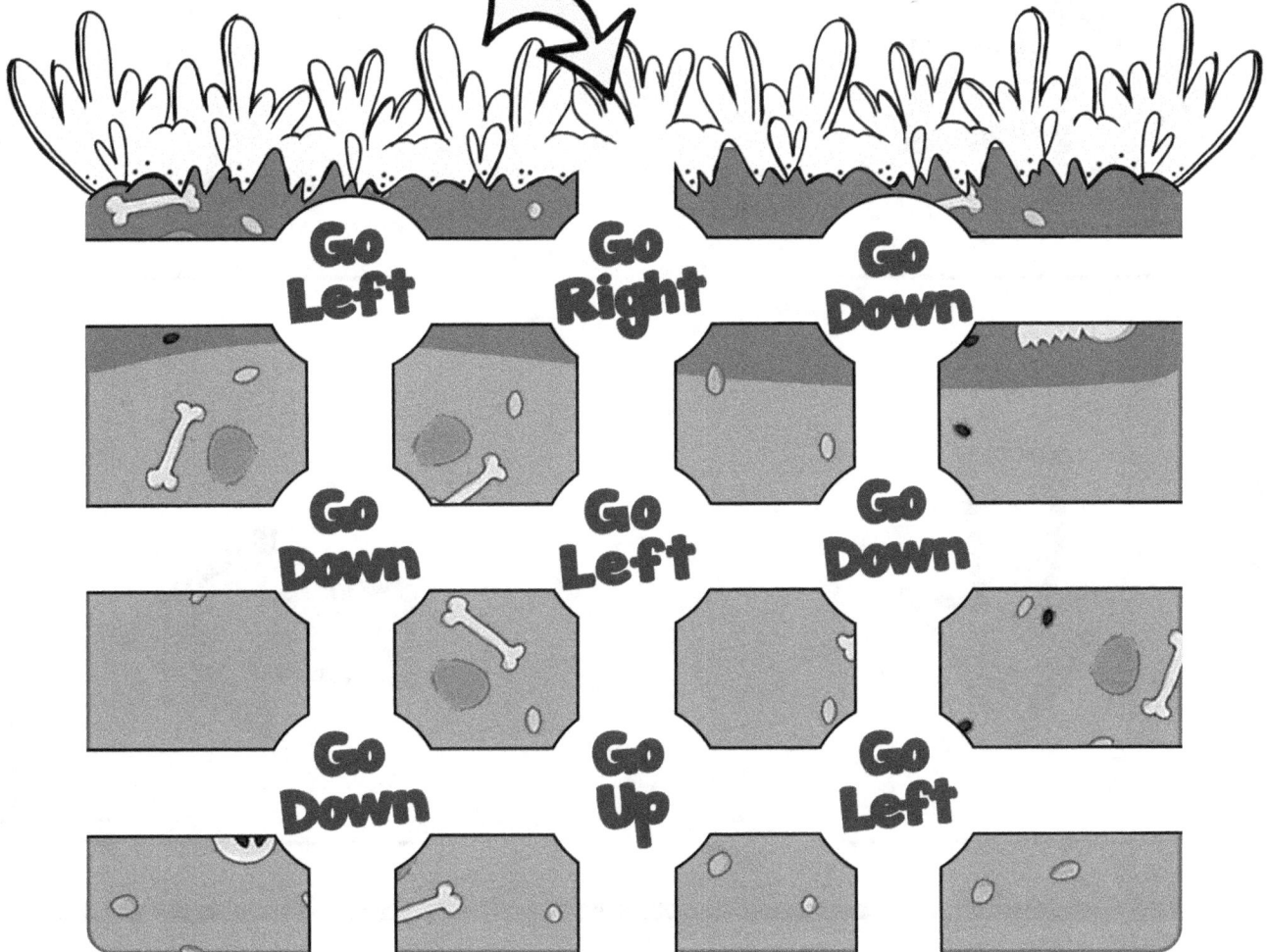

TEST TiME!

Escribe el nombre en inglés que corresponda a cada figura.

_____

_____

_____

_____

Learning Colors (Aprende los colores)

La siguiente es una lista de colores en inglés y en español. Lee y memoriza las palabras. El objetivo de esta actividad es que puedas identificar los colores en inglés y español.

Look...

RED *(ROJO)*   **GREEN** *(VERDE)*

BLUE *(AZUL)*   **YELLOW** *(AMARILLO)*

PURPLE *(MORADO)*   **BROWN** *(CAFE)*

ORANGE *(NARANJA)*   **BLACK** *(NEGRO)*

Listen...

Escucha con atención la forma en que tu maestro pronuncia cada palabra.

Repeat...

Practica diciéndole las palabras a tu maestro o a un compañero de clase.

Do...

Practica reconociendo los colores con un amigo o con tu maestro durante 15 minutos.

Learning Colors

Color...

Colorea los crayones con el color correspondiente y memoriza el nombre de cada uno en inglés.

RED ...Rojo

BLUE ...Azul

PURPLE ...Morado

ORANGE ...Naranja

GREEN ...Verde

YELLOW ...Amarillo

BROWN ...Café

Learning Colors

Colorea el siguiente dibujo de acuerdo a los números indicados en la guía de trabajo.

Al terminar podrás ver la imagen oculta.

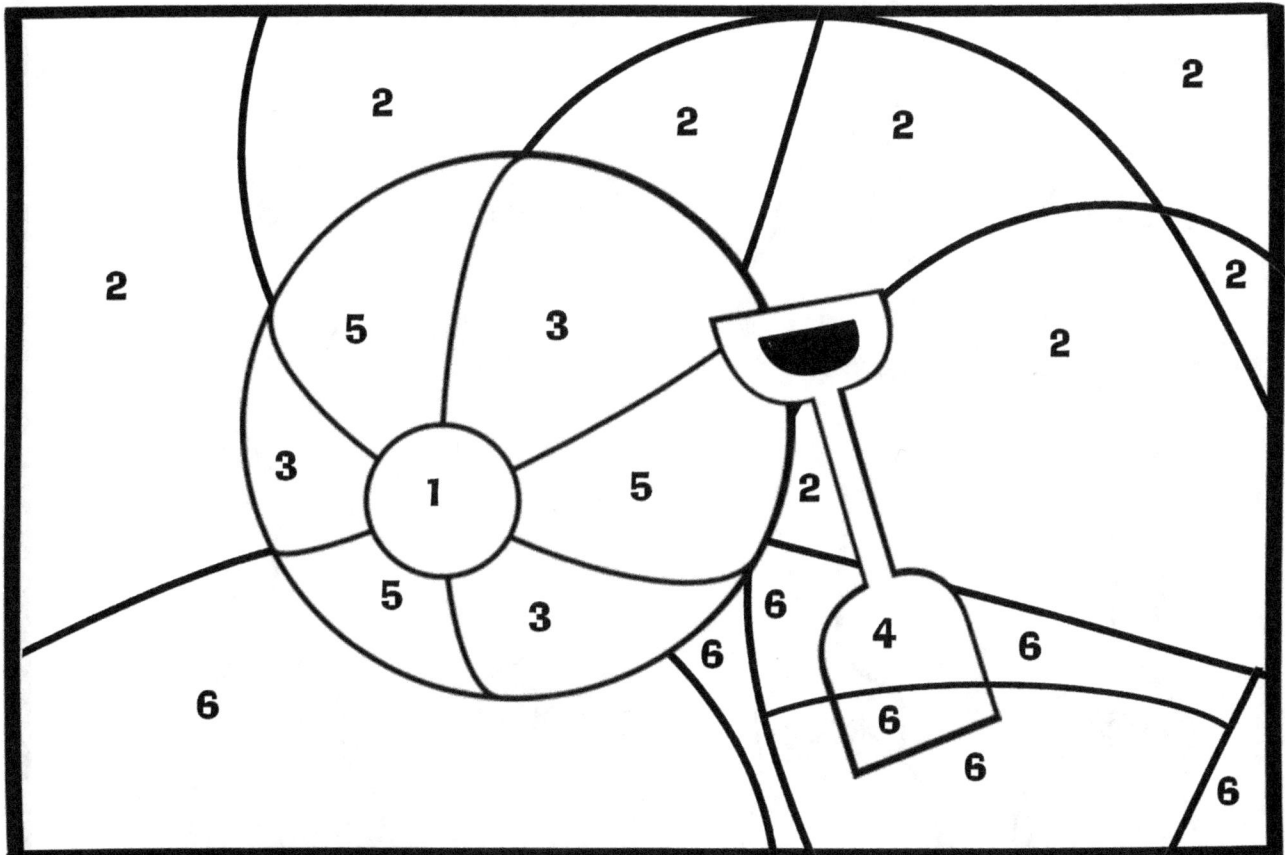

2

2

2

2

2

2

2

5

3

2

2

3

1

5

2

5

3

6

4

6

6

6

6

6

6

1= ORANGE
2= BLUE
3= RED
4= GREEN
5= YELLOW
6= BROWN

Learning Colors

TEST TiME!

Colorea las brochas de acuerdo al color escrito en cada una de ellas.

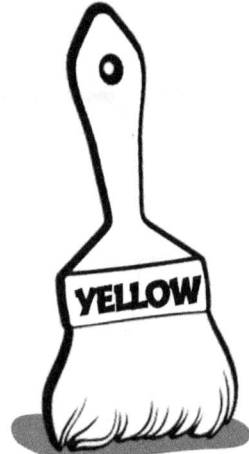

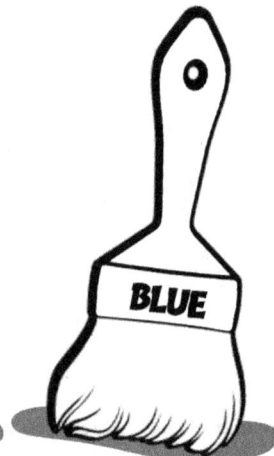

RED

GREEN

ORANGE

YELLOW

PURPLE

BROWN

BLACK

BLUE

Pronouns (Pronombres)

En esta lección aprenderás los pronombres. Repítelos en voz alta hasta memorizarlos en español y en inglés. El objetivo de esta lección es que aprendas los pronombres, los reconozcas y los uses correctamente.

Look...

I (YO)	**IT** (ESO, ESOS, ESA, ESAS)
YOU (TU)	**WE (NOSOTROS/AS)**
HE (EL)	****YOU ALL (USTEDES)**
SHE (ELLA)	**THEY (ELLOS, ELLAS)**

** Usa este pronombre cuando hables de un grupo de gente.

Listen...

Escucha con atención la forma en que tu maestro pronuncia cada palabra.

Repeat...

Practica diciéndole las palabras a tu maestro o a un compañero de clase.

Do...

Practica reconociendo los pronombres con tu maestro o con un compañero de clase durante 15 minutos.

Pronouns

¿Podrías reconocer los pronombres personales en inglés? Veamos si es cierto.

Observa las imágenes de abajo y escribe en inglés el pronombre que le corresponde a cada una.

Yo	Tu	Ella	El
_	_ _ _	_ _ _	_ _

Nosotros	Eso	Ellos
_ _	_ _	_ _ _ _

Recuerda memorizar los pronombres en inglés porque los usarás a lo largo de este libro.

Traza una linea del pronombre personal al dibujo que lo represente.

I

You

He

She

We

They

TEST TiME!

Observa los dibujos y escribe en inglés el pronombre que le corresponde a cada figura.

__   __ __   __ __ __   __ __

      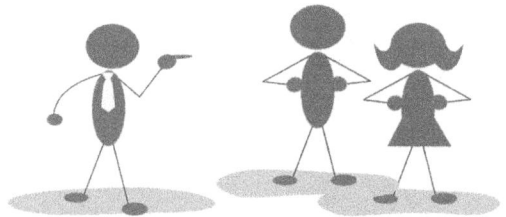

__ __   __ __   __ __ __

_____ puntos

Adjectives (Adjetivos)

En esta lección aprenderás a identificar y usar correctamente algunos tipos de adjetivos.

Look...

HUNGRY *(HAMBRE)*   **HAPPY** *(FELIZ)*

TIRED *(CANSADO)*   **SAD** *(TRISTE)*

SMART *(INTELIGENTE)*   **THIRSTY** *(SEDIENTO)*

LAZY *(FLOJO)*   **SICK** *(ENFERMO)*

Listen...

Escucha con atención la forma en que tu maestro pronuncia cada palabra.

Repeat...

Practica diciéndole las palabras a tu maestro o a un compañero de clase.

Do...

Practica reconociendo los adjetivos con un amigo o con tu maestro durante 15 minutos.

Adjectives

Veamos si puedes reconocer los adjetivos en inglés. Observa cada imagen de abajo.

Lee, traduce y escribe en inglés la palabra que le corresponde a cada figura.

Hambre

_ _ _ _ _ _ _ _

Feliz

_ _ _ _ _ _ _ _

Enfermo

_ _ _ _ _ _ _ _

Cansado

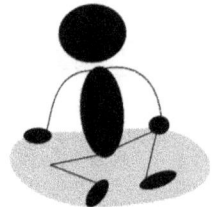

_ _ _ _ _ _ _ _

Sediento

_ _ _ _ _ _ _ _

Flojo

_ _ _ _ _

Triste

_ _ _ _ _

Memoriza los adjetivos en inglés porque continuarás utilizándolos en este libro.

Relaciona el adjetivo con la acción que corresponda.

tired

sad

happy

hungry

lazy

sick

thirsty

TEST TiME!

Pídele al profesor o a un compañero de clase que te diga los adjetivos en inglés y escríbelos debajo de la imagen que corresponde. La meta es ganarse 7 puntos.

_ _ _ _ _ _ _   _ _ _ _ _   _ _ _ _   _ _ _ _

_ _ _ _ _ _ _ _   _ _ _ _   _ _ _ _

___ puntos

"To be" Verbs (Verbos "Ser o Estar")

En esta lección aprenderás el verbo "SER O ESTAR" en tiempo pasado y en tiempo presente para reconocerlos y usarlos correctamente. Memoriza cada una de las combinaciones.

Look...

TIEMPO PRESENTE

AM ARE IS

TIEMPO PASADO

WAS WERE

I **am** (Yo soy/estoy)	I **was** (Yo era, estaba)
You **are** (Tu eres/estas)	You **were** (Tu eras/estabas)
He **is** (El es/esta)	He **was** (El era/estaba)
She **is** (Ella es/esta)	She **was** (Ella era/estaba)
It **is** (Eso es/esta)	It **was** (Eso era/estaba)
We **are** (Nosotros somos/estamos)	We **were** (Nosotros eramos/estabamos)
You all **are** (Ustedes son/estan)	You all **were** (Ustedes eran/estaban)
They **are** (Ellos son/están)	They **were** (Ellos eran/estaban)

Listen...
Escucha con atención la forma en que el maestro pronuncia cada palabra.

Repeat...
Practica repitiendo cada combinación de palabras con tu maestro o con un compañero de clase.

Do...
Con la ayuda del maestro o de un compañero, practica durante 15 minutos identificando la relación entre verbos y pronombres.

"To be" Verbs

¿Eres capaz de reconocer pronombres en inglés? Vamos a probar su conocimiento.

Mira las imagines de abajo. escribe el verbo de **tiempo presente** que coresponde a el correcto pronombre.

I _ _

You _ _ _

She _ _

He _ _

We _ _ _

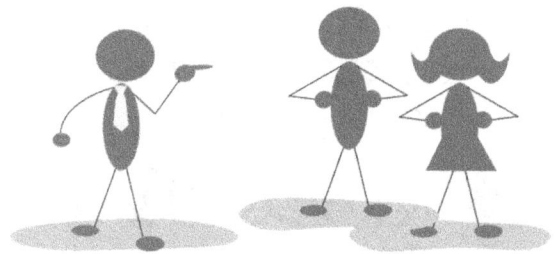

They _ _ _

You all _ _ _

Memorize las verbos de tiempo presente en ingles porque continuara utilizandolas a lo largo de este libro.

¿Eres capaz de reconocer pronombres en inglés? Vamos a probar su conocimiento.

Mira las imagines de abajo. escribe el verbo de **tiempo pasado** que coresponde a el correcto pronombre.

I _ _ _

You _ _ _ _

She _ _ _

He _ _ _

We _ _ _ _

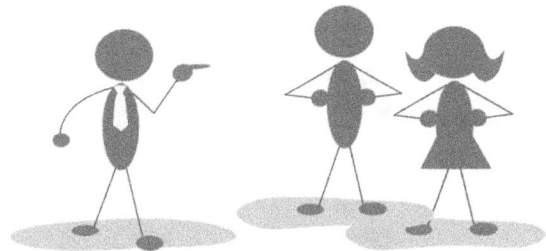

They _ _ _ _

Memorize las verbos de tiempo presente en ingles porque continuara utilizandolas a lo largo de este libro.

TEST TiME!

Rellene el pronombre que falta.

TiEMPO PRESENTE | TiEMPO PASADO

_I_ am   _ was

_ _ _ are   _ _ _ were

_ _ is   _ _ was

_ _ _ is   _ _ _ was

_ _ is   _ _ was

_ _ are   _ _ were

_ _ _ _ are   _ _ _ _ were

_____ puntos

Vamos a practicar formando frases simples.

Encierra la palabra adecuada de cada enunciado en tiempos presente y pasado, para formar la frase correctamente.

1. I **am are is** hungry.
2. You **am are is** sick.
3. We **am are is** tired.
4. They **am are is** sad.
5. She **am are is** happy.
6. He **am are is** sleepy.
7. It **am are is** blue.

TIEMPO PRESENTE

TIEMPO PASADO

1. I **was were** hungry.
2. You **was were** sick.
3. We **was were** tired.
4. They **was were** sad.
5. She **was were** happy.
6. He **was were** sleepy.
7. It **was were** blue.

Practice lesson 2: "To be" verbs

¿Sabías que el pronombre y el verbo se pueden cambiar de lugar para convertir una oración de frase a pregunta?

Vamos a practicar haciendo preguntas simples. Encierra la palabra correcta para cada pronombre con su adjetivo.

1. **Am Are Is** I hungry?
2. **Am Are Is** you sick?
3. **Am Are Is** we tired?
4. **Am Are Is** they sad?
5. **Am Are Is** she happy?
6. **Am Are Is** he sleepy?
7. **Am Are Is** it blue?

TIEMPO PRESENTE

TIEMPO PASADO

1. **Was Were** I hungry?
2. **Was Were** you sick?
3. **Was Were** we tired?
4. **Was Were** they sad?
5. **Was Were** she happy?
6. **Was Were** he sleepy?
7. **Was Were** it blue?

Practice lesson 3: Writing

Write...

Escribe una frase donde uses un pronombre, un verbo y un adjetivo que describa como se siente Abbi.

___ ___ ___   ___ ___   ___ ___ ___.

Write...

Escribe una frase donde uses un pronombre, un verbo y un adjetivo que describa como se siente Abbi.

_____ ___ __ __ _____ .

Hasta ahora hemos aprendido a leer, formar y escribir frases de acción, frases simples y preguntas simples. Observa el cuadro de abajo y pon mucha atención al orden de las categorías gramaticales.

COMMANDS (FRASES DE ACCIÓN)

1. **Pronouns** (Pronombres)

2. **Verbs** (Verbos)

QUESTIONS (PREGUNTAS SIMPLES)

1. **"To be" verbs** (Verbos de ser o estar)

2. **Pronouns** (Pronombres)

3. **Adjectives** (Adjetivos)

PHRASES (FRASES SIMPLES)

1. **Pronouns** (Pronombres)

2. **"To be" verbs** (Verbos de ser o estar)

3. **Adjectives** (Adjetivos)

Vamos a practicar aciendo:

* Frases de acción,
* Frases simples,
* Preguntas simples.

 **Write...**

Llena los espacios con las palabras correctas para formar un enunciado. Asegúrate de conjugar bien el verbo "To be".

1. Write a command:

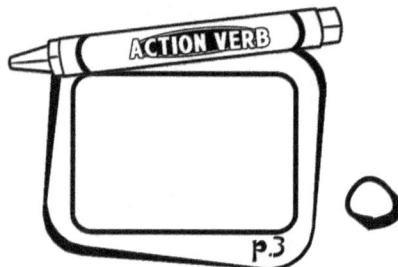

2. Write a simple sentence:

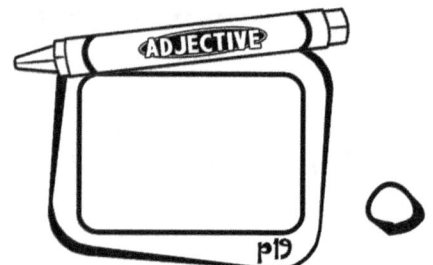

3.. Write a simple question:

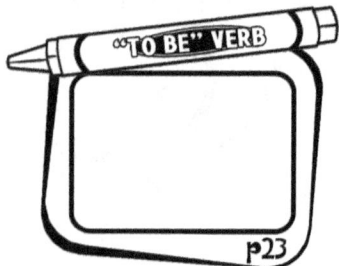

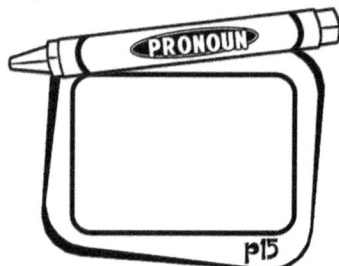

Interrogatives (Interrogativas)

La siguiente es una lista de palabras para preguntas "<u>WH</u>" en Inglés. Memoriza estas palabras porque tu maestro las utilizará durante la clase. El objetivo de esta lección es aprender el significado de las palabras "<u>WH</u>" que se usan en enunciados interrogativos y la forma en que se utilizan.

Look...

WHO (QUIÉN)   WHICH (CUÁL)

WHAT (QUÉ)   WHY (PORQUÉ)

WHEN (CUANDO)   HOW (CÓMO)

WHERE (DONDE)

Listen...

Escucha como pronuncia el maestro cada palabra.

Repeat...

Practica repitiendo cada palabra con tu maestro o con otro estudiante.

Do...

Pide a algún compañero de clase que te diga la palabra "**WH**" interrogativa y escríbela en tu cuaderno sin ver como se escribe.

Write...

Une la palabra "WH" interrogativa con su traducción correcta en español.

WHO	CUÁL
WHY	DÓNDE
HOW	QUIÉN
WHAT	QUÉ
WHEN	POR QUÉ
WHERE	CÓMO
WHICH	CUÁNDO

Write...

Completa cada palabra "WH" interrogativa con las letras que falten.

W H _____

W H _____

H _____ _____

W H _____ _____

W H _____ _____

W H _____ _____ _____

W H _____ _____ _____

Practica diciendo el sonido "WH". Suena como la "J" en español.

TEST TiME!

Pídele a tu maestro o a un compañero de clase que pronuncie las palabras **_"WH"_** interrogativas en español y escríbelas en los espacios de abajo. Cada palabra correcta vale 1 un punto.

_____   _____

_____   _____

_____   _____

_____   _____

_____

_____ puntos

Review II: Interogatives

Puntos clave para tener en cuenta:

1. Una palabra **"WH"** interrogativa se puede usar por sí sola con sólo agregar un signo de interrogación.

   <u>Ejemplo.</u> Who?, what?, when?, where?, which?, how?

2. Recuerda que al hacer preguntas interrogativas en inglés, la palabra **"WH"** interrogativa se coloca primero.

   <u>Ejemplo:</u> **Where** is she?

3. Recuerda que al hacer preguntas, primero se dice la palabra **"WH"** interrogativa, en segundo lugar se dice el verbo "To be" y en tercer lugar el pronombre que va con el verbo utilizado.

   <u>Ejemplo:</u>

!No olvides conjugar los verbos "to be" de acuerdo al pronombre que uses!

INTERROGATIVES — Where

"TO BE VERB" — are

PRONOUN — you

1º　　**2º**　　**3º**

Practice lesson 6: Interrogatives

Vamos a practicar formando preguntas con las palabras: Who, Where, How.

Encierra en un circulo el tiempo verbal correcto.

1. Who **Am Are Is** I ?
2. How **Am Are Is** you?
3. Where **Am Are Is** we ? ← TiEMPO PRESENTE
4. Who **Are Is** they?
5. How **Am Are Is** she?
6. Where **Am Are Is** he?

TiEMPO PASADO →

1. Where **Was Were** I?
2. Who **Was Were** you?
3. How **Was Were** we?
4. Who **Was Were** they?
5. Where **Was Were** she?
6. How **Was Were** he ?

Puedes utilizar palabras "WH" interrogativas para iniciar cualquiera de las preguntas de arriba en tiempo pasado y presente.

Write...

Forma preguntas en **tiempo pasado**, llenando los espacios con la categoría gramatica correcta, asegurándote de conjugar bien el verbo "to be".

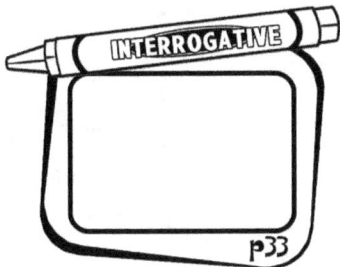  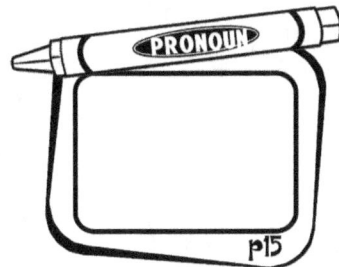 

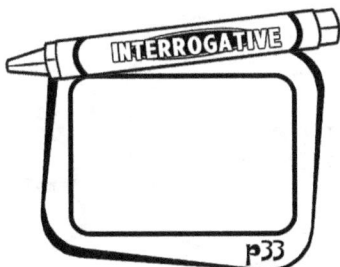   

 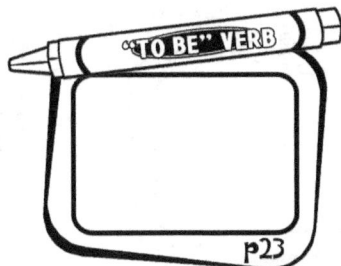 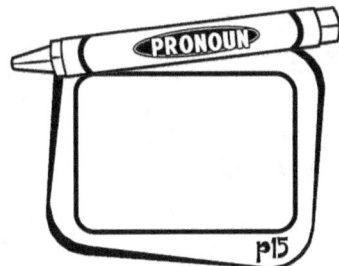 

Practice lesson 8: Present tense

✏️ **Write...**

Forma preguntas en **tiempo presente**, llenando los espacios con la categoría gramatica correcta, asegurándote de conjugar bien el verbo "to be".

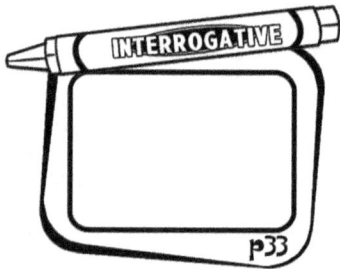

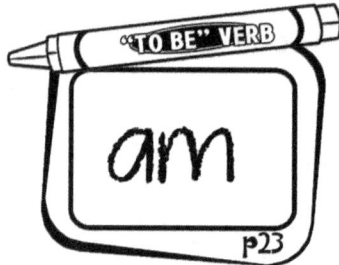

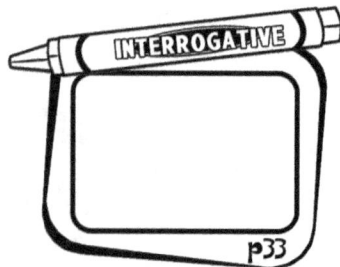

INTERROGATIVE	"TO BE" VERB	PRONOUN
p33	am p23	p15

INTERROGATIVE	"TO BE" VERB	PRONOUN
p33	p23	you p15

INTERROGATIVE	"TO BE" VERB	PRONOUN
How p33	p23	p15

Possessive pronouns (Pronombre posesivo)

Esta es una lista de pronombres posesivos en inglés. Memoriza las palabras porque tu profesor las utilizará durante la lección.

El objetivo de la actividad es aprender algunos pronombres posesivos y cómo usarlos para hacer frases y preguntas.

Look...

MY (ME)	**THEIR (ELLOS)**
YOUR (TU)	**HER (ELLA)**
OUR (NOSOTROS)	**HIS (EL)**

Listen...

Escucha como pronuncia el maestro cada palabra.

Repeat...

Practica repitiendo cada palabra con tu maestro o con un compañero de clase.

Do...

Practica durante 15 minutos identificando cada uno de los pronombres con otro estudiante.

Possessive pronouns

Write...

dibuja una línea para la traducción correcta de la palabra.

MY	SU (ELLOS)
THEIR	MI
YOUR	NUESTRO
OUR	TU
HER	SU (EL)
HIS	SU (ELLA)

Possessive pronouns

Write...

Completa las palabras con las letras que faltan para formar un pronombre posesivo.

____ Y

____ ____ E__ ____ R

Y ____ ____ ____

O ____ ____

H ____ ____

H ____ ____

You are smart!

TEST TiME!

Pídele al maestro o a un compañero de clase que te diga los pronombres posesivos en español y escríbelos en inglés en los espacios vacíos.

_____   _____

_____   _____

_____   _____

_____ puntos

Nouns (Sustantivos)

En esta lección aprenderás una lista de palabras en inglés llamadas NOUNS (sustantivos) y sus respectivos significados.

Memorizalas porque tu maestro las utilizará a lo largo de este libro.

Look...

NAME (NOMBRE)

CAR (CARO)

DOG (PERRO)

WATER (AGUA)

STORE (TIENDA)

BOOK (LIBRO)

HOUSE (CASA)

BIKE (BICICLETA)

CAT (GATO)

FOOD (COMIDA)

SCHOOL (ESCUELA)

TEACHER (MAESTRA/O)

Listen...
Pon mucha atención a la manera como tu maestro pronuncia cada palabra.

Repeat...
Practica pronunciándole cada palabra a tu maestro o a un compañero de la clase.

Do...
Practica reconociendo los NOUNS (Sustantivos) con un amigo o tu maestro durante 15 minutos.

Nouns

Write...

Une los dibujos a la palabra en inglés. Pon mucha atención ya que hay palabras de la lista que salen sobrando.

STORE

BOOK

FOOD

BIKE

CAR

SCHOOL

NAME

TEACHER

CAT

HOUSE

DOG

WATER

Nouns

Veamos si ya puedes reconocer los sustantivos en inglés.

Observa los dibujos y escribe en inglés la palabra que corresponda en cada espacio.

Agua	**Bicicleta**	**Perro**	**Gato**

_ _ _ _ _	_ _ _ _ _	_ _ _ _ _	_ _ _ _ _

Casa	**Carro**	**Libro**	**Maestro**
		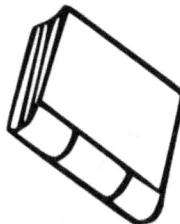	
_ _ _ _ _	_ _ _ _ _	_ _ _ _ _	_ _ _ _ _

Recuerda memorizar los sustantivos en Inglés porque continuarás utilizándolos a lo largo de este libro.

Nouns

TEST TiME!

Escribe el sustantivo que corresponda debajo de cada dibujo.

_ _ _ _   _ _ _ _   _ _ _

_ _ _ _   _ _ _ _   _ _ _

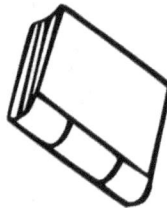

_ _ _ _   _ _ _   _ _ _ _

_____ puntos

Practice lesson 9: Possessive pronouns

Write...

Llena los espacios con la categoría gramatical correcta. Asegúrate de conjugar el verbo "to be" cuando se requiera.

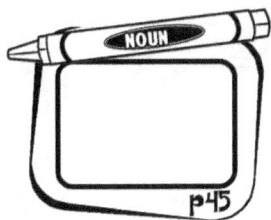

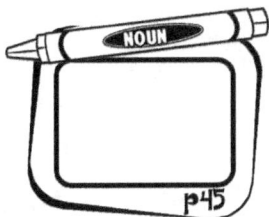

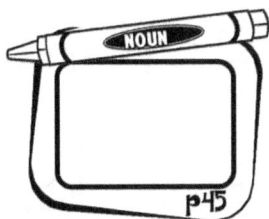

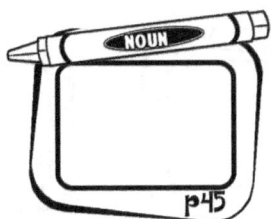

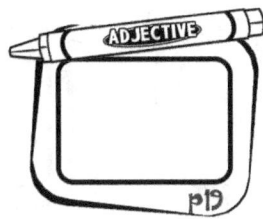

POSSESSIVE PRONOUN p41 · NOUN p45 · ○

POSSESSIVE PRONOUN p41 · NOUN p45 · ○

POSSESSIVE PRONOUN p41 · NOUN p45 · "TO BE" VERB is p23 · ADJECTIVE p19 ○

POSSESSIVE PRONOUN p41 · NOUN p45 · "TO BE" VERB was p23 · ADJECTIVE p19 ○

Practice lesson 10: Possessive pronouns

Write...

Llena los espacios vacíos con la categoría gramatical correcta y asegurate de usar la conjugación adecuada donde sea necesario.

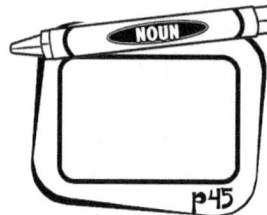

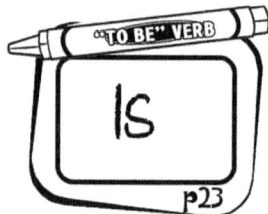

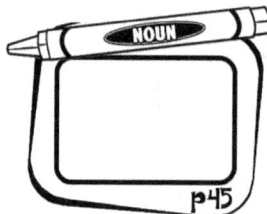

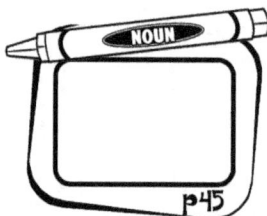

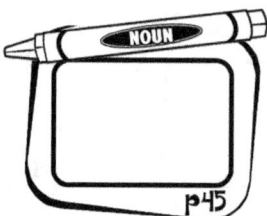

"TO BE" VERB — Is _p23_ | **POSSESSIVE PRONOUN** _p41_ | **NOUN** _p45_ | **ADJECTIVE** _p19_ ?

"TO BE" VERB — Is _p23_ | **POSSESSIVE PRONOUN** _p41_ | **NOUN** _p45_ | **ADJECTIVE** _p19_ ?

"TO BE" VERB — Was _p23_ | **POSSESSIVE PRONOUN** _p41_ | **NOUN** _p45_ | **ADJECTIVE** _p19_ ?

"TO BE" VERB — Was _p23_ | **POSSESSIVE PRONOUN** _p41_ | **NOUN** _p45_ | **ADJECTIVE** _p19_ ?

Articles (Artículos)

Aquí hay una lista de tres artículos en inglés.
Memorizalos para poder identificarlos a lo largo de esta lección.

Look...

A (UN, UNA)

AN (UN, UNA)

THE (EL, LA, LOS, LAS)

El secreto: Si el sustantivo empieza con una vocal (a,e,i,o,u) usa "AN". Si el sustantivo empieza con una consonante, usa "A".

Listen...
Escucha con atención la forma en que tu maestro pronuncia cada palabra.

Repeat...
Practica repitiendo cada palabra con tu maestro o con otro estudiante.

Do...
Practica durante 5 minutos identificando los artículos "A" y "THE" en inglés y su significado, con la ayuda de tu maestro o compañero de clase.

Articles

Traza una linea del artículo en inglés a la traducción en español que corresponda.

THE

A

una   el   un   la

TEST TiME!

Escucha cuidadosamente el artículo que pronuncie tu maestro. Si él dice la palabra en inglés, tú las escribirás en español. Si el maestro la pronuncia en español tú deberás escribir la palabra en inglés.

1._____   3._____

2._____   4._____

Practice lesson 11: Articles

Write...

Llena los espacios vacíos con la categoría gramatical correspondiente y asegúrate de usar la conjugación correcta donde sea necesario.

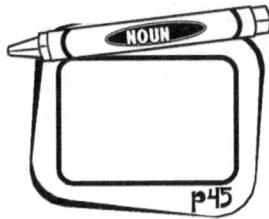

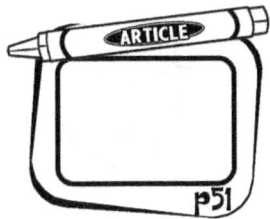

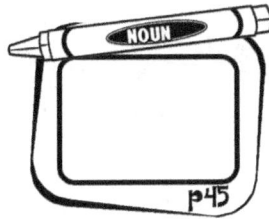

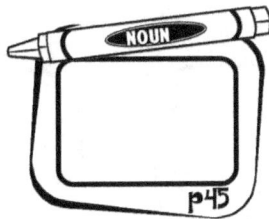

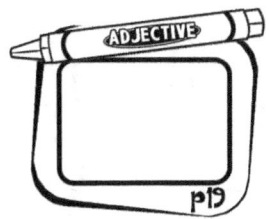

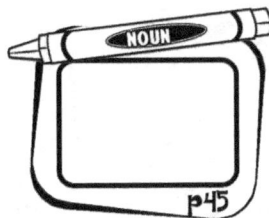

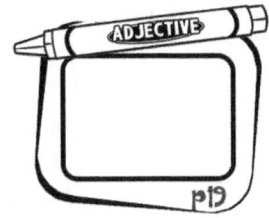

ARTICLE p51   **NOUN** p45

ARTICLE p51   **NOUN** p45

ARTICLE p51   **NOUN** p45   **"TO BE" VERB** is p23   **ADJECTIVE** p19

ARTICLE p51   **NOUN** p45   **"TO BE" VERB** was p23   **ADJECTIVE** p19

Practice lesson 12: Articles

Write...

Llena los espacios vacíos con la categoría gramatical correspondiente y asegurate de usar la conjugación correcta donde sea necesario.

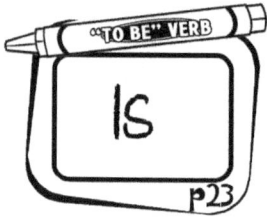

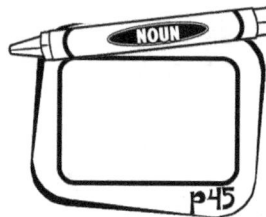

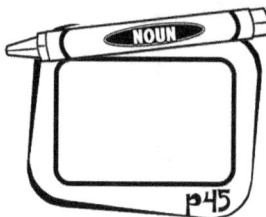

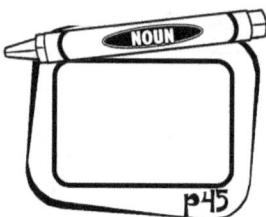

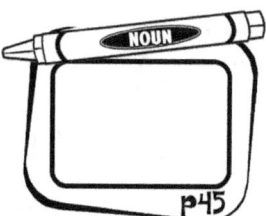

"TO BE" VERB — Is — p23
ARTICLE — p51
NOUN — p45
ADJECTIVE — p19 ?

"TO BE" VERB — Is — p23
ARTICLE — p51
NOUN — p45
ADJECTIVE — p19 ?

"TO BE" VERB — Was — p23
ARTICLE — p51
NOUN — p45
ADJECTIVE — p19 ?

"TO BE" VERB — Was — p23
ARTICLE — p51
NOUN — p45
ADJECTIVE — p19 ?

La siguiente es una lista de palabras llamadas ADVERBIOS. Memoriza cada una de las palabras en Inglés porque las utilizarás más adelante. El objetivo de esta lección es identificar algunos adverbios.

Look...

THERE (ALLÍ, AHÍ,)

HERE (AQUÍ, ACÁ)

Listen...

Escucha como pronuncia el maestro cada palabra.

Repeat...

Practica repitiendo cada palabra con tu maestro o con tu compañero de clase.

Do...

Practica durante 5 minutos identificando los adverbios "there" y "here" en inglés. Pídele ayuda a tu maestro o a un compañero de la clase.

Adverbs

Traza una línea de la palabra en español a la palabra en inglés que corresponda.

HERE

THERE

allí ahí aquí acá hay

TEST TiME!

Escribe la traducción de los adverbios que tu maestro pronuncie. Si el maestro dice la palabra en inglés, tú la escribirás en español, pero si tu maestro la dice en español, entonces la escribirás en inglés.

1._____   3._____

2._____   4._____

Write...

Llena los espacios con la categoría gramatical correspondiente. Asegúrate de conjugar el verbo "to be" en tiempo presente.

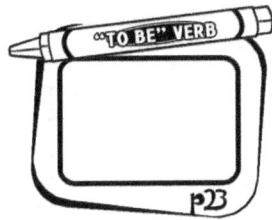

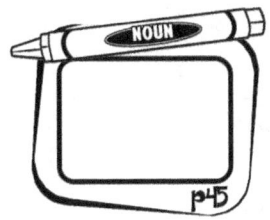

There _____ (ADVERB, p55) _____ ("TO BE" VERB, p23) _____ (ARTICLE, p51) _____ (NOUN, p45)

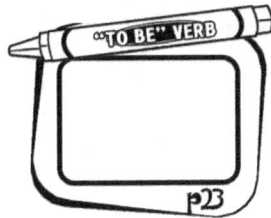

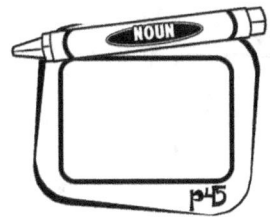

There _____ (ADVERB, p55) _____ ("TO BE" VERB, p23) _____ (ARTICLE, p51) _____ (NOUN, p45)

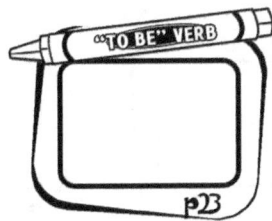

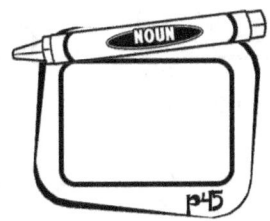

Here _____ (ADVERB, p55) _____ ("TO BE" VERB, p23) _____ (ARTICLE, p51) _____ (NOUN, p45)

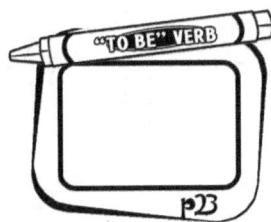

Here _____ (ADVERB, p55) _____ ("TO BE" VERB, p23) _____ (ARTICLE, p51) _____ (NOUN, p45)

Practice lesson 14: Adverbs Past Tense

Write...

Llena los espacios con la categoría gramatical correspondiente. Asegúrate de conjugar el verbo "to be" en **tiempo pasado.**

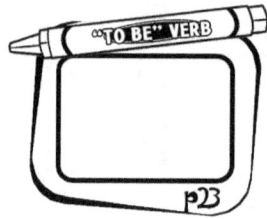

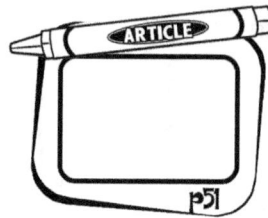

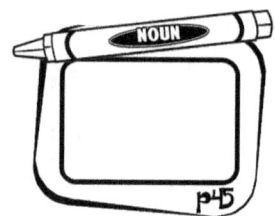

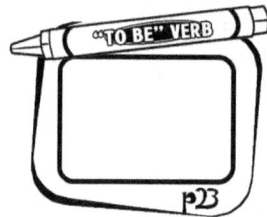

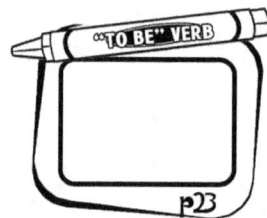

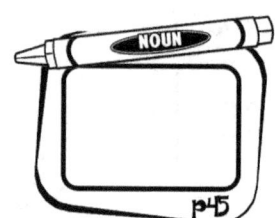

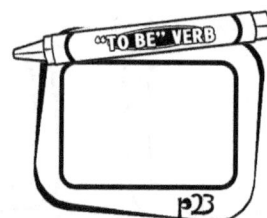

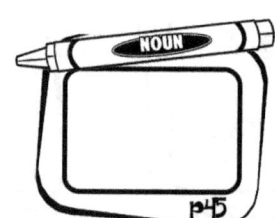

ADVERB	"TO BE" VERB	ARTICLE	NOUN
There p55	p23	p51	p45

ADVERB	"TO BE" VERB	ARTICLE	NOUN
There p55	p23	p51	p45

ADVERB	"TO BE" VERB	ARTICLE	NOUN
Here p55	p23	p51	p45

ADVERB	"TO BE" VERB	ARTICLE	NOUN
Here p55	p23	p51	p45

Plurals

Ahora aprenderás a convertir palabras de singular a plural. Regresa a la página 41 y convierte los sustantivos regulares en plurales.

 **Look...**

CAT + S = CATS

Para convertir sustantivos regulares de singular a plural solo tienes que agregar la letra "S" al final de la palabra.

Nota* En este libro no estudiaremos sustantivos irregulares.

 **Listen...**

Escucha como pronuncia el maestro cada sustantivo en plural.

Repeat...

Practica por 10 minutos repitiendo los sustantivos del singular al plural con tu maestro o compañero de clases.

 **Do...**

Ve afuera del salón con un compañero de clase y practiquen con los sustantivos de la página 41.

Plurals

Las formas del verbo "to be" como ARE y WERE se utilizan cuando se habla de muchas personas, lugares o cosas.

Traza una línea de los sustantivos en plural a la forma adecuada de los verbos "to be".

Tiempo presente:
ARE

Tiempo pasado:
WERE

cats   dog   houses   book   names   store   school
bikes   water   teachers   cars   food

TEST TiME!

Escribe el sustantivo en plural de acuerdo al dibujo.

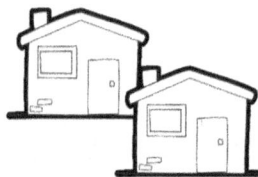

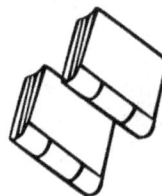

_ _ _ _ _   _ _ _ _ _ _   _ _ _ _ _   _ _ _ _ _

Practice lesson 15: Plurals

Write...

Llena los espacios con la categoría gramatical correspondiente y asegúrate de hacerlo correctamente.

Recuerda que cuando utilices las formas del verbo "to be" como **_ARE_** y **_WERE_**, debes agregar la letra **"s"** a los NOUNS (sustantivos). No olvides que **_ARE_** y **_WERE_** se utilizan cuando se habla de dos o más personas, lugares o cosas.

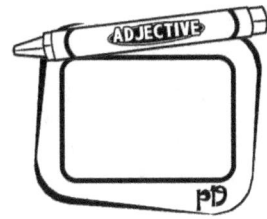

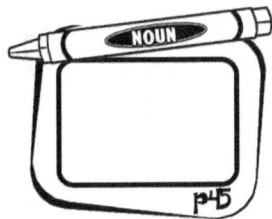

ARTICLE	NOUN	"TO BE VERB"	ADJECTIVE
The (p51)	cats (p45)	(p23)	(p9)

POSSESSIVE PRONOUNS	NOUN	"TO BE VERB"	ADJECTIVE
His (p51)	(p45)	were (p23)	(p9)

ADVERBS	"TO BE" VERB	ARTICLE	NOUN
(p55)	(p23)	the (p51)	(p45)

 ## Write...

Llena los espacios con la categoría gramatical correspondiente y asegúrate de hacerlo correctamente.

Recuerda que cuando utilices las formas del verbo "to be" como **ARE** y **WERE**, debes agregar la letra **"s"** a los NOUNS (sustantivos). No olvides que **ARE** y **WERE** se utilizan cuando se habla de dos o más personas, lugares o cosas.

  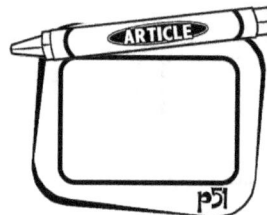 

Review III

Hasta ahora, hemos aprendido a leer, formar y escribir *frases de acción, frases simples y preguntas simples. Mira el cuadro de abajo. Pon mucha atención al orden de las categorías gramaticales.

COMMANDS
(FRASES DE ACCIÓN)

1. **Pronouns**
(Pronombres)

2. **Verbs**
(Verbos)

QUESTIONS
(PREGUNTAS)

1. **"To be" verbs**
(Verbos de ser o estar)

2. **Pronouns**
(Pronombres)

3. **Adjectives**
(Adjetivos)

PHRASES
(FRASES)

1. **Pronouns**
(Pronombres)

2. **"To be" verbs**
(Verbos de ser o estar)

3. **Adjectives**
(Adjetivos)

INTERRAGATIVES
(INTERROGATIVAS)

1. **Interrogatives**
(Interrogativas)

2. **"To be" verbs**
(Verbos de ser o estar)

3. **Pronouns**
(Pronombres)

Review IV

Hasta ahora, hemos aprendido a leer, formar y escribir *frases de acción, frases simples y preguntas simples. Mira el cuadro de abajo. Pon mucha atención al orden de las categorías gramaticales.

POSSESSIVE PRONOUNS (PRONOMBRES POSESIVOS)

1. **Possessive Pronoun** (Pronombres Posesivos)
2. **Nouns** (Sustantivos)
3. **"To be" verbs** (Verbos de ser o estar)
4. **Adjectives** (Adjetivos)

QUESTIONS (PREGUNTAS)

1. **"To be" verbs** (Verbos de ser o estar)
2. **Pronouns** (Pronombres)
3. **Nouns** (Sustantivos)
4. **Adjectives** (Adjetivos)

ARTICLES (ARTICULOS)

1. **Articles** (Articulos)
2. **Nouns** (Sustantivos)
3. **"To be" verbs** (Verbos de ser o estar)
4. **Adjectives** (Adjetivos)

ADVERBS (ADVERBIOS)

1. **Adverb** (Adverbios)
2. **"To be" verbs** (Verbos de ser o estar)
3. **Article** (Articulos)
4. **Nouns** (Sustantivos)

Write...

Llena los espacios vacíos con la categoría gramatical correspondiente. Asegúrate que las formas del verbo "to be" estén conjugadas correctamente.

INTERROGATIVE What
"TO BE" VERB is
POSSESSIVE PRONOUN p41
NOUN name ?

POSSESIVE PRONOUN My
NOUN name
"TO BE" VERB is _____

INTERROGATIVE Where
"TO BE" VERB are
POSSESSIVE PRONOUN p41
NOUN p60 ?

INTERROGATIVE Where
"TO BE" VERB were
POSSESSIVE PRONOUN p15
NOUN p60 ?

Practice lesson 18: Mixed

Write...

Llena los espacios vacíos con la categoría gramatical correspondiente. Asegúrate que las formas del verbo "to be" estén conjugadas correctamente.

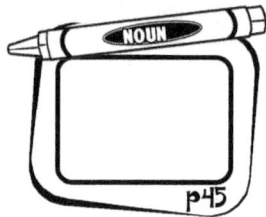

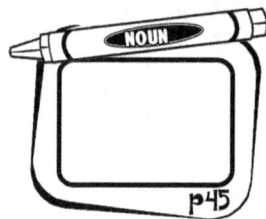

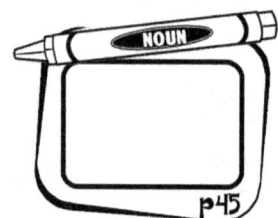

POSSESSIVE PRONOUN	NOUN	"TO BE" VERB	ADJECTIVE	
His		was		
	p45		p19	○

POSSESSIVE PRONOUN	NOUN	"TO BE" VERB	ADJECTIVE	
Your		is		
	p45		p19	○

INTERROGATIVE	"TO BE" VERB	POSSESSIVE PRONOUN	NOUN	
Where	is			?
		p41	p45	

INTERROGATIVE	"TO BE" VERB	PRONOUN	ADVERB	
Why	are			?
		p15	p55	

www.ingramcontent.com/pod-product-compliance
Lightning Source LLC
LaVergne TN
LVHW061221060426
835508LV00014B/1388